PREMIER MONASTÈRE DES CARMÉLITES DE FRANCE

EXHORTATION

POUR LA PRISE DE VOILE

DE

Mlle Marthe TEYSSIER DE SAVY

EN RELIGION

Sœur THÉRÈSE DE JESUS

PAR

M. L'ABBÉ LE REBOURS

Curé de Sainte-Madeleine, Supérieur de la Communauté

Paris, 22 août 1878

OCTAVE DE L'ASSOMPTION

PREMIER MONASTÈRE DES CARMÉLITES DE FRANCE

EXHORTATION

POUR LA PRISE DE VOILE

DE

MLLE MARTHE TEYSSIER DE SAVY

EN RELIGION

SŒUR THÉRÈSE DE JÉSUS

PAR

M. L'ABBÉ LE REBOURS

Curé de Sainte-Madeleine, Supérieur de la Communauté

Paris, 22 août 1878

OCTAVE DE L'ASSOMPTION

EXHORTATION

POUR LA PRISE DE VOILE

DE

SŒUR THÉRÈSE DE JÉSUS

AUDEAMUS *et exultemus et demus gloriam ei, quia venerunt nuptiæ Agni et uxor ejus præparavit se*[1]. Réjouissons-nous, tressaillons d'allégresse et rendons gloire à Dieu, parce que le jour des noces de l'Agneau est venu, et que son épouse s'est préparée.

C'est le cri de triomphe et de joie qui retentit dans la Jérusalem céleste au jour de la glorieuse Assomption de la bienheureuse Vierge Marie, jour où s'achèvent les grandes choses commencées sur la terre, jour qui consacre son union

[1] *Apoc.*, XIX, 7.

intime et définitive avec son Fils et son Dieu, qui la conduit dans son royaume, et l'établit à jamais dans la demeure de son Divin Époux. Le Ciel entier célèbre son bonheur en la voyant prendre possession des biens infinis dont elle jouira pendant l'Éternité, et les chœurs des esprits célestes redisent dans leurs saints transports : « Réjouissons-nous, tressaillons d'allégresse et rendons gloire à Dieu, parce que le jour des noces de l'Agneau est venu et que son épouse s'est préparée, *Gaudeamus et exultemus et demus gloriam ei, quia venerunt nuptiæ Agni et uxor ejus præparavit se.* »

Quelque chose de semblable s'est passé pour vous dans cette enceinte, ma chère Sœur : pour vous aussi le jour des noces de l'Agneau est arrivé, le jour des Saintes Épousailles, de ces noces mystiques, où, âme bienheureuse choisie par le Roi des rois, vous avez contracté avec votre Dieu l'union solennelle et définitive qui vous lie à Lui seul pour le temps et pour l'éternité. Vous êtes entrée dans ce Ciel de la terre, dans cette patrie, dans ce royaume particulier de votre Époux, dans cette demeure que vous avez choisie et si longtemps désirée. Nous pouvons donc nous aussi, pour vous féliciter et pour célébrer la gloire de cette fête, emprunter les paroles de nos saintes Lettres et redire : *Gaudeamus et exultemus et demus gloriam ei, quia venerunt nuptiæ Agni et uxor ejus præparavit se.*

Il y a un an, ma Sœur, nous célébrions vos fiançailles, et après cette année d'attente et de préparation, voici le jour des saintes noces venu. Ne croyez pas que ce soient ici seulement des figures et des images, et que nous empruntions le souvenir et le nom des fêtes nuptiales de la terre pour jeter comme un voile gracieux et trompeur sur l'austère sacrifice de ce jour, après tout bienheureux. Non, c'est ici la réalité, et ce sont les mariages de la terre qui ne sont que l'image et la figure, saint Paul nous le dit : « *Sacramentum hoc magnum est in Christo et in Ecclesia.* » Les mariages de la terre sont grands et saints, mais c'est parce qu'ils sont une image et un crayon de ces chastes et véritables noces de Jésus-Christ avec son Église et aussi avec l'âme fidèle. Mariage divin, union merveilleuse que la grâce opère, qui grandit par la piété, mais semble avoir surtout sa perfection dans cette vie religieuse à laquelle Dieu vous appelle, ma Sœur, par un incomparable honneur. Il vous a déjà liée à Lui par des vœux solennels prononcés devant ses Anges; aujourd'hui vous venez manifester devant l'Église, devant vos parents et vos amis émus, le choix libre de votre cœur, la volonté ferme et définitive de prendre pour votre Époux ce Dieu, ce Sauveur, cet ami de votre enfance et de votre jeunesse auquel vous voulez uniquement appartenir.

I. *GAUDEAMUS ET EXULTEMUS.* — Parmi les fêtes de la terre, il n'en est pas que les enfants des hommes entourent de plus de pompe, d'une allégresse plus empressée que les fêtes nuptiales : on n'y parle que de bonheur! Il semble qu'il ne saurait plus y avoir de jours mauvais pour les nouveaux époux. Appuyés l'un sur l'autre, ils défieront le sort et traverseront la vie sans en rien redouter; les douleurs mêmes auront leur charme, parce que la tendresse les adoucira en les partageant. Aussi, amis, parents, tous félicitent et se réjouissent à l'envi. Hélas! pourtant, cette joie agitée ne saurait, quoi qu'elle fasse, empêcher de trop légitimes inquiétudes. Trouvera-t-on tout ce qu'on espérait? Que de découvertes douloureuses, de déceptions qu'il semblait impossible de prévoir! Puis, hélas! que de couronnes hâtivement flétries! les unions les mieux assorties durent si peu, et la séparation est alors d'autant plus cruelle que le bonheur était plus complet. Pour vous, ma chère Sœur, rien de semblable à craindre, point de nuage aux espérances de votre fête nuptiale. Bénies soient les unions qui ne trompent jamais et qui durent toujours! Votre Époux Divin ne vous ménage pas de déceptions. Il est le Fils de Dieu, sa dignité est infinie comme ses perfections. Il dépasse tout ce que votre cœur peut désirer. Il est la beauté, la grandeur, la majesté même. Plus vous le connaîtrez, plus vous découvrirez en Lui de merveilles, de splendeurs auxquelles vous n'aviez pas même pu songer. Faut-il s'en étonner, lorsque saint Jean de la Croix, dans son admirable cantique, nous dit que les saints eux-mêmes, pendant toute l'éternité, s'avanceront, pour ainsi parler, en Dieu, y découvrant sans cesse de nouvelles beautés? Puis, cette union sainte des cœurs ne saurait jamais être altérée ni brisée. Votre Époux est fidèle, et la mort même ne vous en séparera pas. Que dis-je! elle donnera à ces noces sacrées du temps le sceau bienheureux de l'éternité! Nous avons donc, ma chère Sœur, bien plus que les mondains, en leurs trompeuses fêtes, le droit de nous réjouir dans le Seigneur, et de vous féliciter de votre glorieux partage.

Oui, c'est un jour de joie : un jour de joie pour Notre-Seigneur et pour sa Sainte Mère, pour votre Ange Gardien qui depuis si longtemps vous y préparait, pour votre Sainte Mère Thérèse, dont vous devenez plus que jamais la fille; un jour de joie pour cette famille religieuse qui vous adopte aujourd'hui, et qui vous entoure déjà de tant d'affection et de dévouement. Cette joie, il est vrai, sera mêlée de larmes pour ceux qui vous donnent au Seigneur et aussi pour votre cœur; mais ayez confiance, Dieu ne condamne pas de telles larmes, et votre Sainte Mère en versa de semblables avant vous. Lorsqu'elle quitta la demeure de son enfance, accompagnée de son frère, seul confident de son secret, elle éprouva, nous dit-elle, « les douleurs de l'agonie » en s'éloignant de son père dont elle était la consolation et tout le bonheur. On voit encore, dans l'étroite vallée qui sépare Avila du Monastère de l'Incarnation, la pierre sur laquelle, s'asseyant au bord du torrent, elle se sentit comme défaillir.....

Et, routefois, n'est-ce pas la condition commune et la loi des noces de la terre ? La jeune fille ne quitte-t-elle point la demeure chérie de ses pères pour suivre partout l'époux qu'elle s'est choisi ? L'Époux Divin n'est pas plus exigeant que les époux de la terre, quoiqu'il ait de bien autres droits. Vous souffrez et vous voyez souffrir ; c'est l'unique nuage de ce jour après tout fortuné ; mais, encore une fois, Dieu le permet ; la grâce ne détruit pas la nature, elle aide à en triompher, et ce triomphe, souvent douloureux, reçoit toujours de Dieu une magnifique récompense. Il en fut ainsi pour Thérèse : tous ses parents furent des saints.

Lorsqu'un roi ou un prince de la terre se choisit une épouse parmi ses sujets, on félicite la famille dans laquelle il est allé la prendre : c'est à la fois un insigne honneur, et l'assurance de ses plus précieuses faveurs; comment ne traiterait-il pas avec une particulière bonté ceux qui lui ont donné une épouse qu'il aime et qui peut tout sur son cœur? Le Roi du Ciel n'agit point avec moins de générosité; il aura de particulières bénédictions pour ceux qui vous donnent à Lui, j'oserais dire pour ceux auxquels il vous doit. Redisons donc une fois encore avec la Sainte Église : Réjouissons-nous, tressaillons d'allégresse, et rendons gloire à Dieu.

II. *ET DEMUS GLORIAM EI.* — Oui, rendons gloire à Dieu qui inspire de tels sacrifices et qui donne force pour les accomplir. Vous serez à Lui désormais sans mesure, ma Sœur; vos lèvres rediront sans cesse ses éternelles louanges, et votre vie tout entière n'aura d'autre fin que de glorifier et de procurer en vous et dans les autres la gloire de votre Époux Divin.

III. *QUIA VENERUNT NUPTIÆ AGNI.* — « Le jour des noces de l'Agneau est arrivé. » Le jour de vos saintes noces, ma Sœur, méditons plus à loisir cette grande parole, et voyons à quel prix une épouse achète l'honneur et les joies de sa condition nouvelle.

L'épouse ici-bas entre en partage et propriété de tous les biens de son époux ; tout ce qu'il possédait sera désormais à elle, tout, jusqu'à son nom, et quand ce nom rappelle de grandes et belles choses, l'épouse le prend avec un légitime orgueil. Mais pour jouir de ces avantages il faut qu'elle accepte aussi la condition de son époux, ses difficultés et ses charges, et qu'elle passe pour ainsi dire en sa personne. Telle est aussi la loi des noces mystiques de l'Agneau. Il vous donne jusqu'à son nom, et dorénavant vous porterez, et pour toujours, le nom sacré de Jésus joint à celui de votre mère Thérèse, sous ce diminutif charmant qui semble indiquer plus de tendresse encore de la part de votre Céleste Époux[1] ; mais aussi vous quitterez ce nom honoré de tous, chèrement aimé, dont on vous appelait jusqu'ici sur la terre. Vous partagerez désormais les honneurs, la gloire, les biens de votre Époux, mais à la condition de partager aussi sa destinée et cette forme de vie sous laquelle il nous est apparu et a passé sur la terre.

[1] Térésita.

Et quels sont donc les biens qu'il vous apporte en ce contrat béni ? Est-ce, comme dans les mariages de la terre, des richesses, des plaisirs, la liberté ?

Vous donnera-t-il les richesses ? Si vous entendez par là ces biens que la rouille dévore et que les voleurs enlèvent, il ne vous les donnera pas, il ne les a jamais possédés lui-même. Il a eu pour berceau la paille d'une crèche, et il a pu dire de lui-même : « Les oiseaux du ciel ont un nid, les renards ont une tanière, mais le Fils de l'homme n'a pas une pierre où reposer sa tête. » Il s'en est allé au travers de la vie, aimant et glorifiant la pauvreté comme sa compagne, comme son inséparable amie. Il ne l'a pas quittée jusqu'à la mort, et sur la Croix il n'a plus gardé qu'elle, et s'est endormi dans ses bras.

Mais il a ses richesses à lui et il vous les donne : la grâce, la sainteté, la possession de Dieu, trésor qui dépasse tous les autres. « Celui-là est trop avare, dit saint Bernard, à qui Dieu ne suffit pas. » « *Nimis avarus est cui Deus non sufficit.* » Cette possession de Dieu, vous en avez senti le prix incomparable dès le jour béni où il s'est donné à vous pour la première fois; qui pourrait dire le bonheur de ses communications intimes et mystérieuses, alors que les larmes montent silencieuses du cœur ému aux yeux voilés, et que l'âme rassasiée tout entière ne saurait rien désirer au delà ? Ces richesses véritables de votre Époux, vous les posséderez avec lui, car vous avez accepté, choisi de partager sa condition sur la terre, et vous avez dit dans l'élan de votre âme, et dans toute la liberté de votre cœur : *Voveo paupertatem.* Je voue la pauvreté.

Votre Époux vous apporte-t-il en partage les joies et les plaisirs?

Si vous entendez par là ces joies tumultueuses dont le cœur sort vide et l'âme trop souvent inquiète et amoindrie, si vous entendez ces fêtes du monde à l'éclat éphémère et trompeur, il ne les a pas voulues pour lui-même, on ne l'y a jamais vu mêlé sur la terre, il ne saurait vous les donner : « Si quelqu'un veut venir après moi, dit-il, qu'il se renonce lui-même, qu'il porte sa croix tous les jours et qu'il me suive. *Si quis vult post me venire, abneget semetipsum, tollat crucem suam quotidie et sequatur me.* »

Tous les jours, *quotidie:* vous avez compris cette parole, ma Sœur, vous l'avez souvent méditée, vous avez accepté ce partage. Mais si par plaisirs vous entendez les joies intimes de l'âme et le bonheur que l'on ressent dans l'union avec Dieu, votre Époux est riche de ces trésors, et il vous les communiquera parce que vous consentez à partager ses souffrances. Les consolations divines sont à ce prix; votre séraphique Mère le savait bien, et c'est pour cela qu'elle répétait : « Ou souffrir ou mourir. » Non que la souffrance soit un bien par elle-même, — Notre-Seigneur ne l'a pas choisie comme telle, — mais Thérèse l'aimait et la choisissait comme un moyen de s'unir plus intimement au divin Sauveur.

Votre Époux vous donnera-t-il une famille, ses joies pures et légitimes, le bonheur de se voir entourée d'enfants qui charment et continuent la vie?

Non, votre Époux est vierge. Il a voulu naître d'une vierge, et pour disciple de prédilection il a choisi saint Jean, l'apôtre virginal.

Votre union sera-t-elle donc alors stérile? Oh! ne le croyez pas. Lorsque reviennent sur vos lèvres, ou que vous redites dans le secret de votre cœur les litanies de votre sainte Mère Thérèse, vous rencontrez cette invocation, ce titre qui lui est donné : « Mère des apôtres ! » Qu'est-ce à dire ? sinon que sa prière féconde a obtenu de Dieu des apôtres, et par eux l'évangélisation des peuples, la naissance des âmes à la sainteté et à la gloire. Est-il maternité plus noble et plus glorieuse ? Mais pour l'obtenir, vous devez accepter la condition de votre Époux : la sainte virginité, et c'est pour cela que vous disiez hier : « *Voveo castitatem*, je voue la chasteté. »

Votre Époux vous donnera-t-il la liberté, l'autorité, la puissance ?

Si par liberté vous entendez le droit pour chacun d'agir selon ses caprices, de vivre sans règle au gré de tous ses désirs ; si par puissance et autorité vous entendez le droit de s'imposer aux autres, de les dominer et de les plier à toutes ses volontés, votre Époux, j'en conviens, n'a rien de semblable à vous promettre. « Ma nourriture, disait-il, est de faire la volonté de mon Père. » Soumis à Marie, à Joseph, soumis même à ses bourreaux, il a passé sa vie dans l'obéissance, obéissant jusqu'à la mort et à la mort de la Croix.

Il vous demande de l'imiter, ma sœur. Il veut que, comme lui, vous viviez dans l'obéissance jusqu'à la mort à vous-même, jusqu'à la mort de la Croix. Mais en retour, il vous donne ce qu'il a, la liberté véritable, la liberté des enfants de Dieu, celle qui consiste à être affranchi du mal, du péché, de la tyrannie des passions. Le Verbe est la vérité, il délivre les âmes, *Veritas liberabit vos*. Les enfants de Dieu marchent à l'aise; ils courent, libres de toute servitude, dans les sentiers bienheureux du Seigneur.

Avec la vraie liberté votre Époux vous donnera aussi sa puissance, cette puissance qui s'exerce non sur une famille ou sur un royaume, mais qui par la prière semble s'exercer sur Dieu même. *Ego autem sciebam quia semper me audis.* « Je sais, mon Père, que vous m'exaucez toujours. » Cette parole du Divin Maître, vous la répéterez vous aussi. Oui, par la prière, vous aurez comme Lui puissance sur le cœur même de Dieu, mais à une condition, c'est que vous acceptiez la forme de sa vie soumise et dépendante ici-bas. Vous l'avez compris, et vous avez dit : « Je voue l'obéissance. *Voveo obedientiam.* »

Telle est, ma Sœur, la loi de vos saintes épousailles. Loin d'en être effrayée, vous l'avez acceptée tout entière et vous avez dit dans l'allégresse de votre cœur : O mon Divin Époux, j'embrasse sans réserve les conditions de votre vie. Pour posséder à jamais des richesses éternelles, je quitte les biens passagers et je choisis la pauvreté. Pour jouir des joies incomparables de l'union divine, et pour donner à Dieu des âmes saintes, des apôtres, je voue la chasteté. Pour être libre et commander à Dieu même, je voue l'obéissance. Réjouissons-nous donc, tressaillons d'allégresse, et rendons gloire à Dieu, parce que le jour des noces de l'Agneau est venu et que son épouse s'est préparée.

IV. *ET UXOR EJUS PRÆPARAVIT SE.* — Oui, vous vous êtes préparée, ma Sœur, pendant cette longue et chère année du noviciat, dans le recueillement et la prière, vous vous êtes préparée à ces vœux, à leur accomplissement fidèle et sans défaillance, à ces noces saintes, à ce mariage qui ne saurait désormais être rompu, et dont ce jour consacre la solennité.

Venez donc maintenant, venez, Épouse du Christ, ainsi que vont le chanter vos Sœurs, *Veni, sponsa Christi,* venez recevoir la couronne de votre sacre, *accipe coronam,* cette couronne qu'en son amour le Seigneur vous a préparée dès l'éternité, *quam tibi Dominus præparavit in æternum.*

Venez et redites les paroles si belles d'Agnès, l'héroïque et douce vierge. « *Amo Christum.* » J'aime le Christ, le Christ qui m'a choisie pour épouse, dont la Mère est vierge, et qui fait retentir à l'oreille de mon cœur les harmonieux cantiques de la virginité. J'aime le Christ, *amo Christum;* son amour me rend chaste, *quem cum amavero casta sum;* sa présence me rend pure, *cum tetigero munda sum;* son saint mariage consacre à jamais ma virginité, *cum accepero virgo sum.*

Et nous, en vous voyant appelée à un tel honneur, heureux d'assister à cette fête, nous redirons dans le recueillement et l'émotion de nos cœurs, avec votre famille de la terre, votre famille religieuse et votre famille du Ciel, oui, nous redirons la parole des saintes Lettres : « *Gaudeamus et exultemus et demus gloriam ei, quia venerunt nuptiæ Agni et uxor ejus præparavit se.* Réjouissons-nous, tressaillons d'allégresse et rendons gloire à Dieu, parce que le jour des noces de l'Agneau est venu et que son épouse s'est préparée. »

PARIS. — TYPOGRAPHIE DE E. PLON ET Cie, RUE GARANCIÈRE, 8.

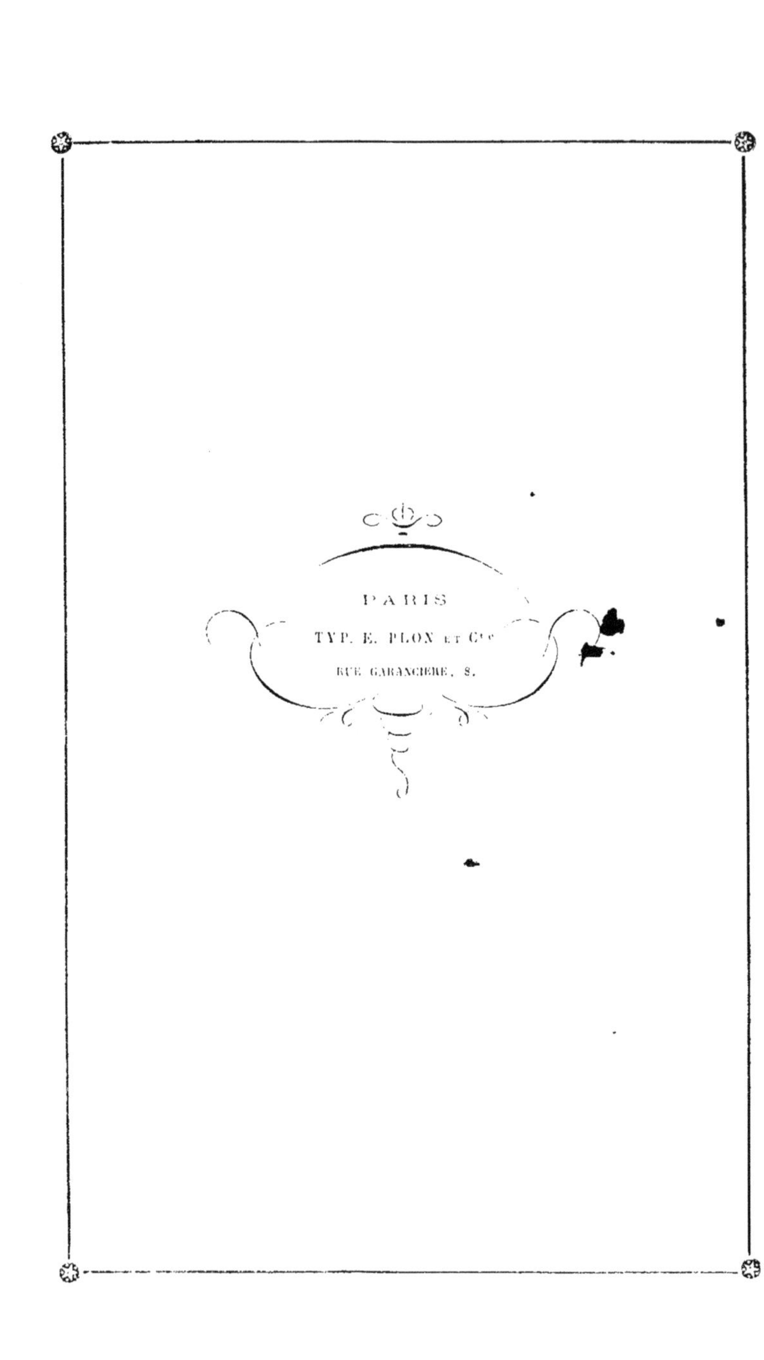
PARIS
TYP. E. PLON ET Cie
RUE GARANCIÈRE, 8.

www.ingramcontent.com/pod-product-compliance
Ingram Content Group UK Ltd.
Pitfield, Milton Keynes, MK11 3LW, UK
UKHW021928190726
13853UKWH00002B/907